おもな光の出場者たち

神

各地に伝わる神々のなかでも人類に大きな影響をあたえた者が選ばれた。神の力は人智を超えており、光、雷、炎、水といった自然エネルギーをあやつる。想像を絶する力だ。

英雄・戦士

世の中の平和を守るために命をかけて戦った勇者が、時を経て集結。なかには魔力を秘めた武器や道具をもっている者や、神の力が宿った者もいる。幾多の戦をくぐりぬけ、実践能力が高い。

幻獣

伝説に登場する神秘的な動物たち。不思議な力をもつ者が多く、雷や炎をあやつる者もいる。本書には人々を救ったり、幸福をもたらしたりする幻獣が多く登場する。

おもな闇の出場者たち

悪魔

自然を超越した、悪の象徴ともいえる存在。正義を憎み、残虐非道で人々に災いをもたらす。神や幻獣に匹敵する強大な魔力をもっている。

怪人・魔神・魔女

人間に近い姿をしているが、人間ばなれした超常的な力をもつ者たち。魔術を使う者、死の呪いを放つ者など、負の心をもった彼らの力は強烈だ。

怪物・魔物

姿かたちも人間ばなれした、化け物たちも多数参加。想像を絶する身体能力をもち、おそろしい魔術を使って暴れまわる。

頂上決戦！
光と闇のオールスターカップ開催

選ばれし48の出場者たち

この「光と闇のオールスターカップ」のテーマは光と闇。光の出場者として善き者たちが、闇の出場者として悪しき者たちが出場権を得た。人間・神・悪魔・モンスターなどあらゆる種の者が、時代も場所も物語の垣根も超えて一堂に会したのである。この戦いはチーム戦ではない。もっとも強い者は、善き者なのか悪しき者なのかが知りたいという、好奇心から生まれた大会だ。それぞれが、ある分野においては王者ともいえる実力者ばかり。今、人智を超越した戦いの火ぶたが切られる。

象、エピソードの内容、ビジュアル的な性質などから総合的に判断し、光と闇の出場者を選出した。なので、この本が各出場者の正義と悪を定義づけるものではない。この本ならではのテーマとして楽しんでもらいたい。

サムディ男爵　　　龍

「光」と「闇」について

心にはだれしもが、「光」すなわち善い側面と、「闇」すなわち悪しき側面をもっている。今回出場した光の出場者にも闇の心はあるし、闇の出場者にも光の心はあるだろう。実際に、闇の出場者であるサムディ男爵には病気を治したというエピソードがあるし、光の出場者の龍がおそろしい存在として描かれるケースもある。今大会では、あくまで一般的な印

出場選手のプロフィール

この大会の出場者は、世界各地の神話や伝説、あるいは歴史書や物語に登場する者がほとんど。その能力や姿かたち、特徴、エピソードには諸説あるものが多く、また謎に包まれていることもたくさんある。さまざまな文献や資料をもとにして考察された能力や、戦い方はこの大会独自のもの。想像を超えるバトルのなかで、世界各地の物語や神話のことを知れるのも大きな魅力だ！

※出場者の能力やエピソードは、さまざまな文献や資料をもとに編集部が独自にまとめたものです。
　また、本書は出場者およびその出典物、関係のある宗教等の優劣・価値を決めるものではありません。

トーナメントの頂点を目指す

48の出場者のうち、今大会の審査員に選ばれた16選手がシードとして2回戦から出場。1回戦から出場する選手は、頂点に立つまでに6試合を勝利しなければならない。大会は全部で47バトルがおこなわれ、すべて引き分けはなく、完全決着するまで続けられる。実力、戦略、相性、運が勝敗を分ける。勝ち上がり次第で、光と光、闇と闇の対戦もある。

バーチャルの現代空間が戦場

出場者は、時代も場所も異なるところから集まっているため、バトルは今大会オリジナルの戦場でおこなう。戦場はバトルごとに変わり、現代に存在する場所ににたところもあるが、すべてバーチャルの空間。地球に存在しないような自然物、建物もある。これらの環境がバトルの展開にも大きく関係する。気候や地形、戦う時間も変わるため、決着を予想することは難しい。

※組み合わせは、P16-17で紹介。

出場者 ノーシード

ギルガメッシュ

01 ➡P20

金剛夜叉明王

02 ➡P24

鳳凰

03 ➡P28

アキレウス

04 ➡P32

ベルゼブブ

01 ➡P21

リリス

02 ➡P25

ドラゴン

03 ➡P29

ヤマタノオロチ

04 ➡P33

孫悟空

05
→P36

ヘラクレス

06
→P40

アーサー王

07
→P44

桃太郎

08
→P48

ミノタウロス

05
→P37

ハーピー

06
→P41

デュラハン

07
→P45

テュポーン

08
→P49

出場者 ノーシード

金太郎

09 ➡P56

クー・フリン

10 ➡P60

ワイナミョイネン

11 ➡P64

サンダーバード

12 ➡P68

チョンチョン

09 ➡P57

セクメト

10 ➡P61

キュクロプス

11 ➡P65

バーバ・ヤガー

12 ➡P69

アタランテー	カルナ	ヤマトタケル	木蘭(ムーラン)

13 →P72	14 →P76	15 →P80	16 →P84

ロウヒ	ヴァンパイア	サムディ男爵(だんしゃく)	ラーヴァナ
13 →73	14 →77	15 →P81	16 →P85

出場者

ゼウス
17
→P90

ダグダ
18
→P96

オーディン
19
→P102

ラーマ
20
→P108

九尾の狐
17
→P91

ロキ
18
→P97

両面宿儺
19
→P103

酒呑童子
20
→P109

大会の6つのルール

1 バトルの人数制限なし

神話や伝説でなかまとともに行動している出場選手は、複数で戦ってもよい。ただし、なかまの体力が残っていても、主体となる選手が倒れた場合は負けとなる。なかまの助けで体力を回復させることは認められる。

2 武器や道具を使用できる

あらゆる武器と道具の使用を認められているが、それを使いこなせるかは能力次第。木や岩など戦場にあるものを使ってもよい。相手の武器をうばうことも問題ない。大人数のチームをつくるのは禁止。

3 完全決着するまで戦う

相手がバトルを続けられなくなった時点で勝利となる。戦場からはなれて戦いに戻ってこない場合は、試合放棄とみなされる。両者が戦闘不能になった場合、意識のあるほうが勝利。引き分けはない。

4 負傷は回復する

すべてのバトルが実力を発揮したものになるよう、前の試合で受けた負傷は全回復する。バトル中に体力を回復させるために一時的に避難したり、魔力を使ったりすることも認められている。

番外編コラム

バトルに関連するもの

バトルに出てくる特殊な武器や道具、なかまのプロフィールを紹介。

検証&考察レポート

出場者があやつる自然の力を検証。現代に残る伝説の足跡も紹介。

5 バトルの舞台はバーチャルの戦場

戦場は今大会の審査員が選ぶため、出場選手が苦手とする環境でのバトルになることもある。開始時間が夜になることもある。

陸・水中・空

戦場の区域は限定されない。自由に移動して戦うことができる。

険しい地形

山奥や断崖絶壁、激流の川など、自然環境への適応力が求められる。

建造物のある場所

バーチャル空間のため、そこにあるものすべてを破壊してもよい。

時間帯は不特定

バトルの時間帯はランダム。真っ暗な時間帯に開始することもある。

6 優勝者の栄誉

負けたら終わりのトーナメント戦。最後まで勝ちぬいた選手のみに、「光と闇のオールスターカップ優勝者」の称号が授与される。

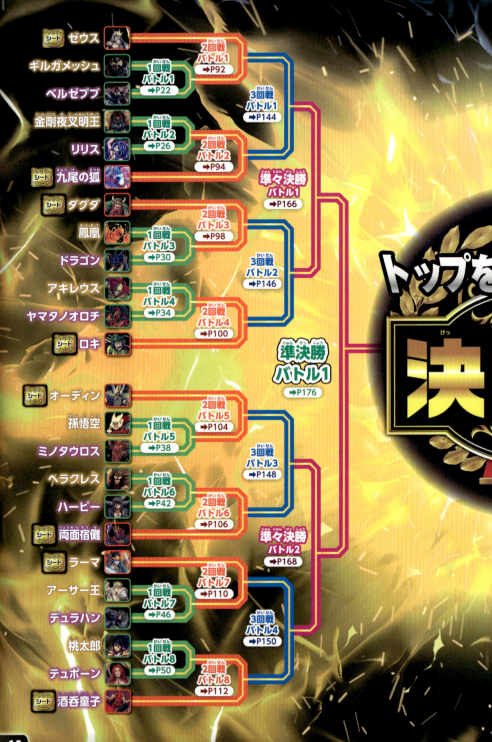

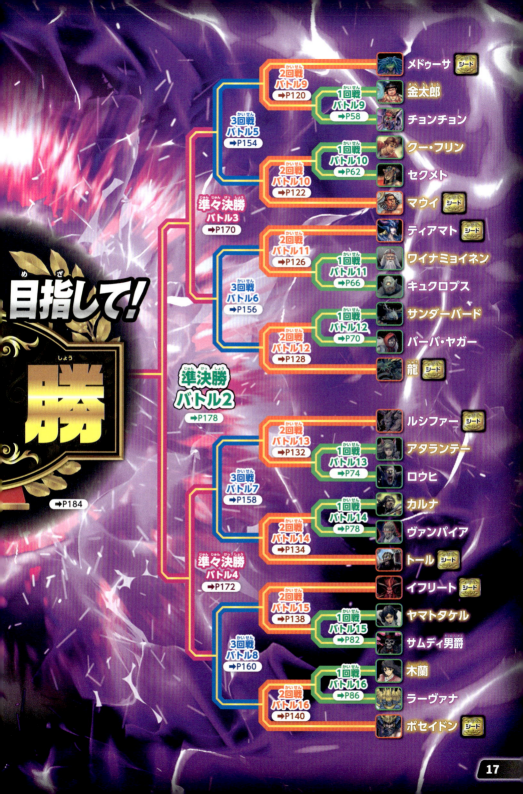

この本の見方

出場選手の紹介

- **パラメーター**
5つの能力を5段階であらわしている。

  - ▶**攻撃**
  相手にダメージをあたえる総合的な能力
  - ▶**守備**
  攻撃をはね返したり、かわしたりする能力
  - ▶**パワー**
  体の強さ・力の強さ
  - ▶**スピード**
  動きの速さ・移動の速さ
  - ▶**魔力**
  神の力や魔法の力の強さ

- **選手の名前**
総称や通称の場合もある。

- **出典・地域**
伝説を記した書物と、それが発見または残っている地域。

- **バトルスキル** おもな攻撃や防御のワザ。
C ▶ B ▶ A ▶ S のレベル順で強力。

- **必殺技**

- **出場者の説明**

バトルページ

- **トーナメントと　バトルナンバー**
1回戦、2回戦、3回戦、準々決勝、準決勝、決勝で、各バトルナンバーが表示される。

- 「ここぞ！」という局面で使う必殺技の説明

- **戦う選手の名前**

- **戦いのようす**

- 選手の特徴やエピソードなどのミニ解説

- **勝者**

戦いが始まる！
1回戦 全16バトル

ギルガメッシュ VS ベルゼブブ →P22

金剛夜叉明王 VS リリス →P26

鳳凰 VS ドラゴン →P30

アキレウス VS ヤマタノオロチ →P34

孫悟空 VS ミノタウロス →P38

ヘラクレス VS ハーピー →P42

アーサー王 VS デュラハン →P46

桃太郎 VS テュポーン →P50

クー・フリン VS セクメト →P62

金太郎 VS チョンチョン →P58

ワイナミョイネン VS キュクロプス →P66

サンダーバード VS バーバ・ヤガー →P70

アタランテー VS ロウヒ →P74

カルナ VS ヴァンパイア →P78

ヤマトタケル VS サムディ男爵 →P82

木蘭 VS ラーヴァナ →P86

光 01 ギルガメッシュ

出典 『ギルガメッシュ叙事詩』　地域 イラク

バトルスキル
- 野人アタック　B
- 斬りつけ　A
- 大弓の一矢　B

必殺技
- ギガントアックス
  渾身の力による斧の一撃で、あらゆるものを破壊する。

圧倒的な怪力をもつ伝説の王

ギルガメッシュは、メソポタミア（現在の中東の一部）を長い間支配した王。横暴な性格だったが、友人エンキドゥとの出会いによって民を思う気もちが芽生える。怪力をほこり、その力はライオンを簡単にねじふせるほど強大。森の番人フンババや天界の牡牛ウルクを退治した。

闇 01 ベルゼブブ

出典 『旧約聖書』　地域 西アジア・ヨーロッパ

バトルスキル

毒注入	B
毒爆	A
飛行回避	A

必殺技
ハエの嵐
一帯を闇にして暴風雨を起こし、ハエの大群に攻撃させる。

邪毒をふりまくハエの姿をした悪魔

地獄の魔王サタンに匹敵する凶暴な悪魔。ベルゼブブは「ハエの王」という意味で、姿は巨大なハエのよう。もとは神だったが、邪悪な一面があり、悪魔になったという。毒をもっているとされ、高い飛翔能力で敵をもてあそびながら弱らせていく。

光 02 金剛夜叉明王

| 出典 | 仏教 | 地域 | 日本 |

バトルスキル
- 鈴の音　　B
- 宝剣の一撃　S
- 夜叉の弓　　A

必殺技
金剛杵の雷撃
金剛杵から雷を放ち、邪気をはらう。

5つの目でにらみをきかせ雷を放つ

かつてはおそろしい鬼のような存在だったが、善に目覚めて仏教の守護神・明王となる。邪悪なものをすべて破壊するのが使命だ。3つの顔のうち正面の顔には5つの目をもち、敵の動きを見逃さない。右手にもつダイヤモンドのようにかたい「金剛杵」で雷を放つ。

闇 02 リリス

出典 『旧約聖書』　地域 西アジア、ヨーロッパ

バトルスキル
- 呪いのツメ　A
- 魂の吸い取り　B
- 魔毒蛇　A

必殺技
蛇髪呪縛
長い髪の毛がヘビと化し、敵に巻きつきしめ上げる。

楽園・エデンの園をおわれた夜の魔女

神が創造した人間のひとり。アダムの最初の妻だったが、イブが妻になったため、エデンの園を去って悪魔になったといわれる。男性をにくみ、子どもの魂を食べる。魔力をもったツメでおそい、キバで魂を吸い取る。体に巻きついている大蛇は強力で、髪の毛もヘビと化す。

光 03 鳳凰

| 出典 | 中国神話 | 地域 | 中国、日本 |

バトルスキル

熱風	A
炎防御	A
火の玉	S

必殺技
霊鳥の光
体から放つ強い光で、敵の動きを封じこめる。

太陽と月の光をまとった炎の霊鳥

中国の伝説の霊鳥。偉大な帝が生まれるとこの世に現れるという縁起のよい存在だ。姿かたちにはさまざまな説があるが、頭部はニワトリのようで、体は炎に包まれている。太陽と月をつかさどり、敵は神々しい光を前にまぶしくてなにもできなくなる。

闇 03 ドラゴン

| 出典 | ヨーロッパの神話・伝承 | 地域 | ヨーロッパ |

天空から飛来して火をはく破壊の幻獣

ヨーロッパ各地の伝承に登場する幻獣。巨大な体にするどいキバとツメ、翼をもち、地上でも空でも暴れまわる。口から炎や毒をはくという言い伝えも多い。数々の勇者が挑むが、いずれもがんじょうな体と、圧倒的なパワーで苦戦した。生半可な武器は通用しない。

バトルスキル

キバ＆ツメアタック	A
体当たり	A
鉄壁の体	S

必殺技
ファイヤーブレス
口から毒をふくんだ猛烈な炎をはく。

04 光 アキレウス

| 出典 | 叙事詩『イリアス』 | 地域 | ギリシャ |

バトルスキル
- スピアラッシュ　A
- 戦車アタック　S
- 鉄壁の盾　S

必殺技
魔法の鎧ガード
青銅でつくられた魔法の鎧で敵の攻撃を無力化する。

不死身の体に魔法の鎧をまとう無敵の戦士

生まれて間もなく母親に魔法の川に頭からつけられ、不死身の体となった戦士。走力が高く、戦場をかけまわる。また、海の精霊である父から槍と戦車とともに、どんな武器の攻撃をもはね返す魔法の鎧をおくられる。さらに神から鉄壁の盾も授かり、つけ入るすきはない。

闇 04 ヤマタノオロチ

| 出典 | 『古事記』『日本書紀』 | 地域 | 日本 |

バトルスキル
- 龍尾の連打　A
- 八方突進　S
- 巨体激震　S

必殺技
- 火の川

火をはきながら、川のような巨体で突進する。

8つの頭と尾をもつ、山よりでかい大蛇

大昔の日本で最大最強とされる怪物。8つの山にまたがるほどの巨体で、頭としっぽが8つに分かれている。水を支配する神でもあり、怒ると川を氾濫させ、口から火をはくこともある。好物の酒をタルごと豪快に飲むが、神話では酒に酔ってねむってしまい、討ち取られた。

光 05 孫悟空(そんごくう)

| 出典 | 『最遊記』 | 地域 | 中国 |

バトルスキル
- 如意棒の一撃　A B
- ジャンピングアタック　A B A
- ミニザル変身　A

必殺技
- 分身の術
  ぬき取った自分の髪の毛を分身にする。

高い戦闘能力をもついたずら好きな猿の王

数々のいたずらで神を怒らせて岩に閉じこめられたが、僧侶の呪文で解放されたサル。以降、悪の怪物と戦い、仏の道を進む。ジャンプ力が高く、伸び縮みする「如意棒」で敵をもてあそぶ。体を小さくすることもできる。なかまの猪八戒と沙悟浄とのれんけい戦術も強力だ。

闇 05 ミノタウロス

出典 ギリシア神話　地域 ギリシャ

バトルスキル

タックル	B
ツノ突進	A
斧アタック	A

必殺技
斧の連撃
両側が刃になった斧を左右にふりまわして攻撃する。

牛の頭と人の体をもつ巨大な怪物

人間と牛の間に生まれた魔物で、ラビュリントという暗い迷宮にひそむ。とても乱暴な性格で、迷いこんだ人間を食べてしまうという。人間の力をはるかに超えた怪力で、肉体とツノであらゆるものを破壊。一説では両刃の斧をもっており、おそろしい力でふりまわすという。

06 ヘラクレス
光

| 出典 | ギリシア神話 | 地域 | ギリシャ |

バトルスキル
- 剛腕アタック　B
- こん棒スイング　A A
- ライオンガード　A

必殺技
必中の弓
ねらったところに矢を命中させる。

あらゆる試練を乗り越える半神半人の英雄

強さと知性をもち、不可能を可能にした戦士。ゼウスの妻ヘラに無実の罪を背負わされ、神々から罰として12の仕事をあたえられる。水蛇ヒュドラの退治、冥界の番犬ケルベロスの捕獲など、すべての困難な試練をやり遂げる。ライオンの毛皮をまとい、こん棒や剣、弓で戦う。

闇 06 ハーピー

| 出典 | ギリシア神話 | 地域 | ギリシャ |

バトルスキル
- カミツキ　B
- 上空落とし　A
- 毒まき　A

必殺技
竜巻
巨大な竜巻を起こし、敵をふき飛ばす。

人間の頭をもち、風をあやつる魔獣

頭は女性、体は鳥の姿をした魔獣。人をつれ去る、食事に毒をまくなど、人間を苦しめる。毒には呪いの力があり、人間を飢えた状態にする。もとは、つむじ風や竜巻をつかさどる女神だったといわれ、風を自由にあやつり、敵をもてあそぶ。「ハルピュイア」とも呼ばれる。

41

07 光 アーサー王

出典 『アーサー王物語』　地域 イギリス

レーダーチャート: 攻撃・守備・パワー・スピード・魔力

バトルスキル

剣術	A
いやしの剣	S
騎馬アタック	A

必殺技
聖剣のひとふり
聖なる剣エクスカリバーの強い光で敵を切りさく。

2つの伝説の剣を使った勇敢な騎士

ブリテン（現在のイギリス）を治めたとされる伝説の英雄。大きな石にささった剣を引きぬくことで王となった。この剣は折れてしまうが、湖の魔女から聖剣「エクスカリバー」を授かる。どんなかたいものでも切りさばき、剣のさやにはダメージを回復させる魔力もあったという。

闇 07 デュラハン

出典 アイルランドの民話　地域 アイルランド

攻撃／守備／パワー／スピード／魔力

バトルスキル
- 騎兵の剣　B
- 死神のムチ　B
- 血のシャワー　A

必殺技
死へのエスコート
敵の目に血を浴びせて呪い、思いのままに誘導する。

出会った者を死へといざなう首なしの死神

死の妖精で、出会った者は死の道へ誘導されるという。首がない体で馬に乗り、死者の頭を抱えている。武器は剣のほか、遠くにいる敵には長いムチで攻撃することも。また、抱えている頭から血をふき出し、相手に浴びせて呪いをかける。その呪いは死の予告だといわれている。

45

③ なんと、アーサー王は呪われてしまった！
剣をさやにしまい、デュラハンが乗るウマに背中を押されながら歩いていく。
その先は断崖だ！

必殺技

死へのエスコート

敵の目に血を浴びせて呪い、
思いのままに誘導する。

④ あと一歩ふみ出したら落下するそのとき、
アーサー王は正気に戻り、デュラハンに飛びついた。
その勢いのまま両者、崖から転落！ところが、
アーサー王は剣を断崖につきさし、難をのがれた。

アーサー王の勝利

※エクスカリバーのさやにはダメージを
回復させる聖なる力がある。

08 光 桃太郎

出典 『日本昔噺』『御伽草子』　地域 日本

バトルスキル
- 鬼滅の剣撃　B
- 石の豪速球　B
- 二撃の弓矢　S

必殺技
おとも奮起

イヌ、サル、キジがきびだんごの力でパワーアップ。

剣と弓を巧みにあやつる若き勇者

その正体には諸説あるが、大昔の日本で民を苦しめていた鬼の退治に任命されたのが少年・桃太郎だった。身体能力と剣術にすぐれ、武器の剣は巨大な鬼を切っても曲がらない。弓を同時に2本放ち、1本を命中させるワザをもっていた説もある。きびだんごでなかまをふやす。

闇 08 テュポーン

出典 ギリシア神話　地域 ギリシャ

バトルスキル

ヘビの巨大ムチ	A
とぐろ地獄	A
火炎放射	S

必殺技
熱風サイクロン
嵐を呼び、さらに炎と爆風を放つ。

ヘビの体をもつ、ゼウスを苦しめた巨大怪物

神が生み出した上半身が人間で、下半身がたくさんのヘビになっている超巨大な化け物。口から炎をはき、風を自由にあやつる。その力は宇宙をこわすほどとも。神話では、神々の王ゼウス（→P90）も勝つことができず、冥界に閉じこめるのがやっとだった。

バトルに登場する 武器と道具

伝説や神話では、登場人物と同じくらいに魅力的で強力な武器や防具が登場する。ここでは、本書のバトルに登場するものを紹介しよう。

01 エクスカリバー
アーサー王

アーサー王は石にささった剣をぬいて戦うが、ある戦で折れてしまう。そのとき、湖の魔女から授かった剣がエクスカリバーだ。魔力が宿っており、傷をいやす力もあるとされる。

魔女から授かった聖剣 悪を切り、傷をいやす！

03 草薙剣
ヤマトタケル

ヤマタノオロチを退治した剣

神器のひとつとされ、継承されて今もまつられている。日本神話では神であるスサノオが草薙剣でヤマタノオロチを退治した物語があり、その剣をヤマトタケルが継承したとされる。

02 如意棒
孫悟空

両端にとてもかたい金がついた伸縮自在の棒。小説『最遊記』では、海底の竜宮でもらったもので、本来は海底をならす道具だった。重さが8トンもあるが、普段は小さくして耳の中に入れている。

自在に伸び縮みする！重さはなんと8トン!!

04 釣り針
マウイ

魔法の巨大釣り針で島を引き上げた！

神の世界にいる母親から授かったもので、マウイがこれで魚を釣ろうとすると、巨大なものがかかった。引き上げたのは海底で、それが島になった。この島がハワイのマウイ島だといわれている。

05 ミョルニル
トール

妖精がトールのためにつくったハンマー。どんなに遠くに投げても的をはずさず、トールの手元にもどってくる。トールは雷神であるため、ミョルニルで地面をたたくと雷が起こる。

ブーメランのように飛び、地面をたたけば雷が発生！

06 アキレウスの鎧
アキレウス

魔力が宿った鎧はどんな武器もはね返す！

父親から授かった魔法の鎧は、青銅でできており、剣も矢も、どんな武器もはね返す。また、アキレウスの体自体も不死身であり、アキレウスは鉄壁の防御力をほこる。

07 カンテレ
ワイナミョイネン

音を聞いた者は深い眠りに落ちる！

弦を弾いて音をかなでるフィンランドの民族楽器。ワイナミョイネンのカンテレは魚の背骨でつくられ、その音を聞いたものは魔法によってねむらされてしまう。

08 うす・きね＆ほうき
バーバ・ヤガー

巨大なうすに乗ったバーバ・ヤガーは、きねをボートのオールのように動かして進む。きねを動かすと嵐が起こる。また人間の子どもをさらって行方をくらますために、ほうきで移動したあとを消す。

空を飛びながら移動し、嵐をまき起こす！

09 雷霆
ゼウス

ギリシア神話で最強の武器 世界もろともこわす威力！

怪物・キュクロプスがゼウスのためにつくった。これをふるうことで雷が起こる。「雷霆」とは一般的に激しい雷を意味し、この武器も雷のような形で描かれることが多い。

10 大釜
ダグダ

空腹をみたす大釜料理は一生つきることがない!

中の料理がつきることのない魔法の釜で、これをもつダグダと一緒に食事をした者はみなおなかが満たされる。ダグダは大食いでもあり、その食べる姿で敵を愉快にさせた言い伝えもある。

11 魔法のクツ
ロキ

空中や海上を走れるクツ。ロキは巨人族出身なのでクツのサイズも大きかったにちがいない。ただロキは鳥にも変身できるといわれているので、このクツの必要性に疑問が残る。

空中は飛ぶより走る!?
巨人族の一歩はでかい!

12 トリアイナ
ポセイドン

海に嵐を起こし大地を水でしずめる!

怪物・キュクロプスがポセイドンのためにつくった。これで地面をつくことで嵐を起こし、海水で陸を浸水させる。地面から塩水の泉をわき出させた逸話もある。

闇 09 チョンチョン

| 出典 | チリの伝承 | 地域 | チリ |

バトルスキル

吸血	B
魂ぬき取り	B
変則飛来	A

必殺技
チョンチョン増殖
相手の魂をぬき取り、なかまにする。

空から血と魂を吸い取りにくる生首

南アメリカのチリの部族に伝わる魔物。人間の頭のみの姿で、大きな耳を翼のようにはばたかせて飛ぶ。突然、飛びついてかみつき、血を吸うと、「チョンチョン」という奇声を聞かせて魂もぬき取る。その者は生と死の間をさまようチョンチョンになるという。

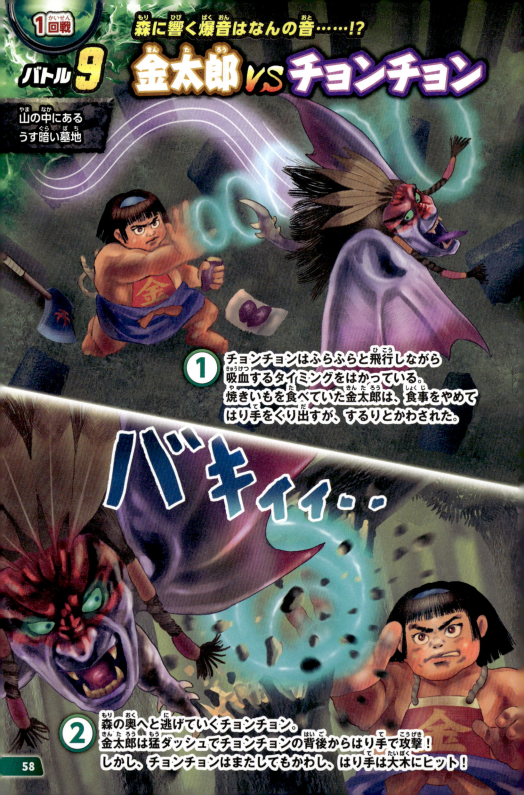

光 10 クー・フリン

出典 『クーリーの牛争い』　地域 アイルランド

バトルスキル

太陽の槍	S
剣術	S
巨人化	S

必殺技
太陽神の加護
太陽神の血によって、どんな魔力も無力にする。

巨人に変身する炎の戦士

太陽神を父に、人間を母にもつ英雄。17歳にして古代アイルランドの王国において最強の戦士となった。ずばぬけた身体能力をもち、無敵と呼ばれるほどすぐれた槍さばきを見せる。巨人に変身することもでき、髪の毛が逆立ち、筋肉が盛り上がって怪物のような姿になる。

闇 10 セクメト

出典 エジプト神話　地域 エジプト

バトルスキル
- 獅子アタック　A
- 炎の息　B
- 神の光　A

必殺技
アンクの呪い

アンクから放つ呪いで、敵を動けなくする。

人間を罰する使命をもつ神の化身

神に反抗した人間をこらしめるため、太陽神ラーは右目を地上におくる。その目が獅子の姿に。それがセクメトだ。人間の血の味に快楽を覚えた彼女は、我を忘れて暴れまわる。神の力により炎の息をはき、強い光もあやつる。命を救うアンク（十字）は呪いの道具となった。

1回戦

バトル10 クー・フリン vs セクメト

太陽神から生まれた両者がぶつかり合う！

かつて城があった丘

必殺技 アンクの呪い
アンクから放つ呪いで、敵を動けなくする。

① くずれた城跡から飛び出したクー・フリンは、槍で一撃。見事にセクメトにつきささるが、セクメトはその状態のまま呪いをかけようとする。

必殺技 太陽神の加護
太陽神の血によって、どんな魔力も無力にする。

② しかし、クー・フリンは呪いがきいていないのか、巨人に変身。ピンチのセクメトはアンクから光線を放つ！

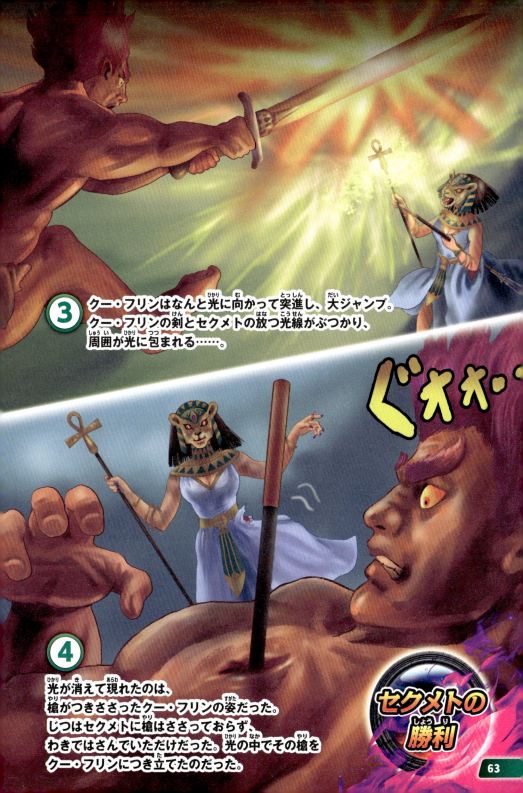

光 11 ワイナミョイネン

| 出典 | 叙情詩『カレワラ』 | 地域 | フィンランド |

バトルスキル
- 剣撃 B
- 魔法の音色 S
- 魔法の船 A

必殺技
魔法の歌声
カンテレの音色と歌声で敵をねむらす。

楽器の音色で敵をねむらせる魔法使いの老人

母親の体内に長くいたため、生まれたときはすでに老人。力は強くないが、知恵がまわり戦略にすぐれている。ハープに似た楽器「カンテレ」をひくことができ、その音色と歌声の魔力で敵をねむらせる。海を魔法の船「サンポ」で移動しながら、剣で魚を一瞬でとらえる。

闇 11

キュクロプス

出典 叙事詩『オデュッセイア』　地域 ギリシャ

バトルスキル

踏みつけ	A
たたきつけ	A
体当たり	A

必殺技
怒りの雷
怒りを感じると、神の力で雷を落とす。

神の力をもつひとつ目のメガ巨人

洞窟にくらし、人間をエサにする超巨大怪物。おでこにひとつだけ目がある。実は、もとはゼウスやポセイドンといった神々の武器をつくる職人だった。そのため神の力ももっており、雷を落とすことができる。なかまの巨人とれんけいして戦うこともある。

バトル11 ワイナミョイネン VS キュクロプス

1回戦 流氷が浮かぶ極寒の海

心地よい音色が怪物をねむりに誘う……

① ワイナミョイネンは崖の上からカンテレを演奏し、魔法の音色でキュクロプスをねむらそうとする。するとキュクロプスは、崖から海に飛びこんだ。ねむ気を覚ますためだ。

必殺技 魔法の歌声
カンテレの音色と、歌声で敵をねむらす。

② 浅瀬のため、身動きできるキュクロプスは流氷をもち上げて、ワイナミョイネンへ投げつけた。ワイナミョイネンは勢いに押されて転倒してしまうが、投げた剣がキュクロプスの胸に直撃！

光 12 サンダーバード

| 出典 | アメリカやカナダの伝承 | 地域 | アメリカ、カナダ |

バトルスキル

- 翼の爆風　B
- 雷の嵐　S
- クチバシミサイル　A

必殺技
稲妻激光
まばたきをすると強い光を発し、雷を落とす。

翼で爆風を起こし、雷を自在に落とす精霊

ネイティブアメリカンに伝わる巨大な鳥の精霊。かつて人々が食料不足で困っていたとき、大きなクチバシでクジラを運び、人間にあたえた救世主である。6メートル以上の両翼で爆風を起こし、敵に雷を落とす。体そのものが雷の力をもち、まばたきすると激しい光を放つ。

闇 12 バーバ・ヤガー

出典 ロシアの民話　地域 ロシア

バトルスキル
- にらみつけ　B
- きねアタック　B
- 石うすブレス　A

必殺技
魔女の館
魔法で動く館で、攻撃や防御をする。

人間をおそって食べる、魔力をもつ老婆

森の奥深くに黒ネコとすむ年老いた魔女で、人間を食べる。石うすに乗ってジャンプするように移動し、片手にもったきねを動かすと嵐が起こる。彼女の目を見たものは体の自由をうばわれる。すみかの小屋には巨大なニワトリのあしがついており、魔法で生き物のように動く。

1回戦

バトル12

森に住む魔女と伝説の鳥がぶつかる!

サンダーバード vs バーバ・ヤガー

霧に包まれた深い森

必殺技 魔女の館
魔法で動く館で、攻撃や防御をする。

① 森の中を石うすで飛びながら逃げまわるバーバ・ヤガーに、サンダーバードは上空から突進! そのとき、魔女の館が現れて攻撃を防ぐ。

② バーバ・ヤガーは爆風を起こしながら近づき、魔術で動きを封じようとサンダーバードをにらみつけた。

光 13 アタランテー

| 出典 | ギリシア神話 | 地域 | ギリシャ |

バトルスキル

高速パンチ	B
必中の矢	A
高速デイフェンス	A

必殺技
神速ステップ
高速ステップをふみ、敵をかく乱する。

ギリシア神話で最速の女性狩人

洞窟に住み、狩猟の女神アルテミスを信仰する美しき狩人。弓の技術が高く、すばやく獣を狩る。また、どんな獣にも負けない走力をもっており、彼女をつかまえられる人間は誰ひとりいないという。勇者たちが太刀打ちできなかった怪物のイノシシを討ち取ったこともある。

闇 13 ロウヒ

出典 叙情詩『カレワラ』　地域 フィンランド

バトルスキル
- ワシヅメアタック　B B B
- 幻覚魔法　B
- 呪いの苦痛　A

必殺技
暗闇の魔法
太陽と月を隠してなにも見えない世界にする。

ワシに変身し、一帯を闇にする魔女の王

フィンランド北方にある島を支配する大魔女。ワシの姿に変身することができ、巨大なツメは刃物のようにするどい。幻の獣を相手に見させたり、嵐を起こしたり、太陽と月を隠したりする魔力をもつ。呪いによって敵に毒を飲ませたような苦痛をあたえることもできる。

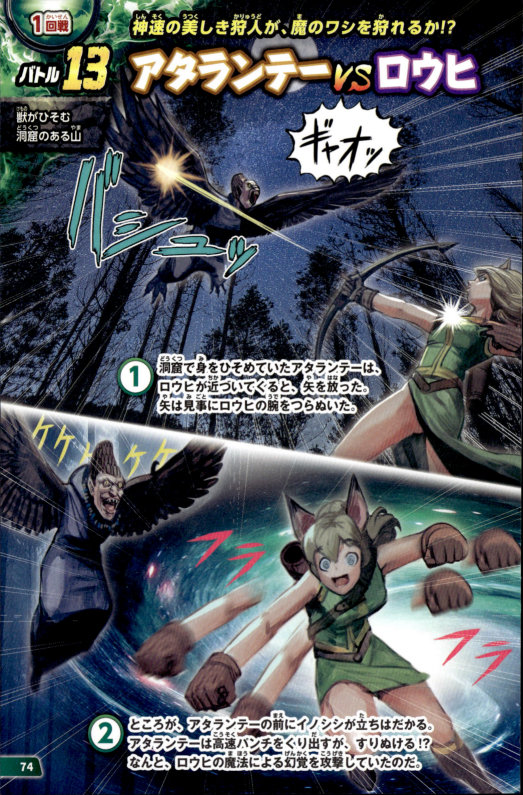

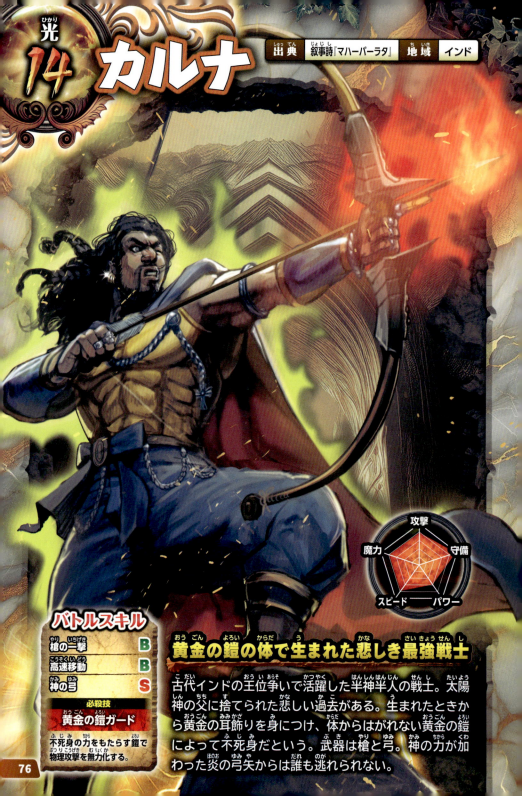

光 14 カルナ

出典 叙事詩『マハーバーラタ』 地域 インド

バトルスキル

槍の一撃	B
高速移動	B
神の弓	S

必殺技
黄金の鎧ガード
不死身の力をもたらす鎧で物理攻撃を無力化する。

黄金の鎧の体で生まれた悲しき最強戦士

古代インドの王位争いで活躍した半神半人の戦士。太陽神の父に捨てられた悲しい過去がある。生まれたときから黄金の耳飾りを身につけ、体からはがれない黄金の鎧によって不死身だという。武器は槍と弓。神の力が加わった炎の弓矢からは誰も逃れられない。

闇 14 ヴァンパイア

出典　ヨーロッパの伝承　　地域　ヨーロッパ

バトルスキル
カミツキ	A
変身	B
人間のふり	A

必殺技
吸血の呪い
敵の血を吸って無力にする。
ゾンビにすることもある。

人間をおそい、生き血をすする夜の吸血鬼

ヨーロッパ各地に伝わる、人間の生き血を吸う怪物。殺されないかぎり死ぬことはなく、永遠に若い姿をしている。ふだんは気品のある男性に見えるが、夜になると本性を現し、するどいキバで人間をおそう。コウモリやネコなどに姿を変えて人間に近づくこともある。

闇 15 サムディ男爵

出典　ハイチの伝承　地域　ハイチ

魂を死の世界へ運ぶ精霊の化身

カリブ海にあるハイチという国に伝わる、死の運び屋。相手の死をコントロールでき、葉巻の煙を使って魂を現世から死の世界に導く。その一方で、死者を復活させるという言い伝えもあり、ガイコツのような不気味な見た目だが、病気を治す精霊の化身ともいわれる。

バトルスキル

スキル	ランク
魂の導き	A
煙幕	B
瞬間移動	S

必殺技
ゾンビの呪い
魂のぬけた死体をあやつり、攻撃や防御に使う。

1回戦

バトル15

ゾンビと毒煙にはばまれて、必殺の剣が届かない！

ヤマトタケル vs サムディ男爵

見通しの悪い山道

必殺技
ゾンビの呪い
魂のぬけた死体をあやつり、攻撃や防御に使う。

① サムディ男爵はゾンビたちに攻撃させる。ヤマトタケルは草薙剣で斬り続けるが、体力がうばわれるだけ。その間、サムディ男爵は遠くはなれていく。

② 暗闇で道が見えないなか、ヤマトタケルはサムディ男爵のタバコの煙を頼りに山道を進んでいく。すると突然、サムディ男爵が現れた。

計16バトル 1回戦 結果発表

バトル		VS	
①	🔴 **ギルガメッシュ**	VS	⚫ ベルゼブブ
②	⚫ 金剛夜叉明王	VS	🔴 **リリス**
③	⚫ 鳳凰	VS	🔴 **ドラゴン**
④	🔴 **アキレウス**	VS	⚫ ヤマタノオロチ
⑤	🔴 **孫悟空**	VS	⚫ ミノタウロス
⑥	🔴 **ヘラクレス**	VS	⚫ ハーピー
⑦	🔴 **アーサー王**	VS	⚫ デュラハン
⑧	🔴 **桃太郎**	VS	⚫ テュポーン
⑨	🔴 **金太郎**	VS	⚫ チョンチョン
⑩	⚫ クー・フリン	VS	🔴 **セクメト**
⑪	⚫ ワイナミョイネン	VS	🔴 **キュクロプス**
⑫	🔴 **サンダーバード**	VS	⚫ バーバ・ヤガー
⑬	⚫ アタランテー	VS	🔴 **ロウヒ**
⑭	🔴 **カルナ**	VS	⚫ ヴァンパイア
⑮	🔴 **ヤマトタケル**	VS	⚫ サムディ男爵
⑯	🔴 **木蘭**	VS	⚫ ラーヴァナ

敵の必殺技に対抗した戦闘能力

敗退した16選手すべてが必殺技をくり出した。しかし、それを上回る身体能力、武器の力、戦略で打ちのめされた。1回戦を勝ち上がった16選手のうち、1回戦で必殺技を出したのは、リリス、セクメト、キュクロプス、サンダーバード、カルナの5選手のみ。まだ見ぬ必殺技が2回戦以降、どんな威力を発揮するかが注目だ。2回戦からは「神の力」や「魔術」という特殊な能力をもつ選手が多く登場。1回戦の勝者は、必殺技を出さなければ、太刀打ちできないだろう。

ギルガメッシュ VS ゼウス →P92

リリス VS 九尾の狐 →P94

ドラゴン VS ダグダ →P98

アキレウス VS ロキ →P100

孫悟空 VS オーディン →P104

ヘラクレス VS 両面宿儺 →P106

アーサー王 VS ラーマ →P110

戦いが始まる！
2回戦 全16バトル

桃太郎 VS 酒呑童子 →P112

金太郎 VS メドゥーサ →P120

セクメト VS マウイ →P122

キュクロプス VS ティアマト →P126

サンダーバード VS 龍 →P128

ロウヒ VS ルシファー →P132

カルナ VS トール →P134

ヤマトタケル VS イフリート →P138

木蘭 VS ポセイドン →P140

ゼウス

光 17

2回戦の相手
ギルガメッシュ

出典　ギリシア神話　地域　ギリシャ

シード

バトルスキル
- 火山岩落とし　A
- 鎖の呪縛　B
- 落雷　S

必殺技
神のいかずち
その場もろとも、広範囲を雷で焼きつくす。

ステータス：攻撃／守備／パワー／スピード／魔力

神々の頂点に立つ天空の最高神

ギリシア神話においてすべての神を従える全知全能の最高神。天空を支配しており、風や雨などを自由にあやつる。そのなかでも「雷霆」という武器から放つ雷は、一撃ですべてを破壊できる威力をもつ。一方、女性が大好きで、時には動物に姿を変えて女性に近づくという。

九尾の狐

闇 17
2回戦の相手: リリス

シード

| 出典 | 『山海経』『日本霊異記』 | 地域 | 中国、日本 |

ステータス:
- 攻撃
- 守備
- パワー
- スピード
- 魔力

バトルスキル

- ツメ&キバ　B
- 幻術無力化　A
- 幻覚誘導　A

必殺技
乗り移りの術
あらゆるものに魂を乗り移し、敵に攻撃する。

敵に幻覚を見せるあやしき霊獣

中国に伝わる妖狐。数千年も生きたといわれており、美女に化けて王をだますなどの悪事をはたらいた。9つの尾をふって相手に幻覚を見せ、無力にさせる。日本にも現れ、退治されて石になったという伝説がある。その石は「殺生石」と呼ばれている。

闇 18 ロキ

2回戦の相手
アキレウス

出典 『エッダ』　地域 アイスランド

攻撃／守備／パワー／スピード／魔力

バトルスキル
- 巨人アタック　B
- 動物変身　B
- 魔法のクツダッシュ　A

必殺技
ぶんどり
だまし取った敵の武器を使って攻撃する。

ずるくていたずら好きのトリックスター

巨人の血をひくいたずら好きの神。悪知恵がはたらき、ほかの神をだますことで数々の災いをもたらすことに。ピンチになるとアブに変身したり、魔法のクツで逃げたりし、まともには戦わない。敵の武器をぬすむことも得意で、自分が得をするなら平気でウソもつく。

光 20

ラーマ

2回戦の相手
アーサー王

出典 叙事詩『ラーマーヤナ』　地域 インド

シード

多彩な弓をあやつる神の化身

インドの最高神ヴィシュヌの化身と伝わる英雄。弓の名手で数種の矢を使い、爆風や炎を起こすという。別の最高神ブラフマーから授かった「ブラフマーストラ」という神の力が武器に宿ると超強力。矢は永遠につきることがなく、どんな巨大な相手をも撃ちぬく。

バトルスキル
風の矢	B
炎の矢	B
ブラフマーストラ	S

必殺技
永遠の弓撃
敵が倒れるまで矢を放ち続ける。矢筒の矢は減らない。

闇 20 酒呑童子

2回戦の相手
桃太郎

シード

出典 『御伽草子』　地域 日本

バトルスキル
- ツメの一撃 B
- 鬼のカミツキ S
- 鬼突進 A

必殺技
最後の鬼力
首を切られても頭だけで動き、敵にかみつく。

人間を喰らい大酒を飲む鬼の親分

平安時代に大江山（京都府）に住んでいたとされる鬼の総大将。都から若い女性をさらい食べていた。酒に目がなく、とくに人間の血でつくった酒が好物だ。言い伝えでは、源頼光という武将に毒入りの酒を飲まされ討ち取られるが、首だけになっても生きていたという。

バトルをサポートする なかま・相棒

伝説や神話では、なかまとともに行動する者もいる。そのなかまも特有の能力をもっており、戦いで活躍していた。

01 イヌ、サル、キジ
桃太郎

桃太郎をサポートする個性豊かな動物たち！

桃太郎のモデルは実在した将軍で、イヌ、サル、キジにもモデルになった人物がいたという説がある。また、中国に伝わる話がもとになり、イヌは「ご恩」、サルは「知恵」、キジは「勇気」を表しているという説も。この説では桃太郎は「健康」の象徴だ。おとぎ話の内容には、さまざまな分析がある。たとえば、鬼退治には、敵の情報を集める、戦略を立てる、武器を集めるという準備が必要で、その役割をおともが担当したのではないかといわれている。

02 クマ
金太郎

金太郎は幼少期を森の動物とすごした。動物たちが相撲をするときは行司（審判）を担当。もっとも強かったクマも金太郎にはかなわない。日本では今でも金太郎とクマの組み合わせは定番だ。

金太郎以外では森に敵なしの怪力！

ムーランの愛情を受けて戦場をかけまわった！

03 ウマ
木蘭

木蘭が父の代わりに戦に出る前、ウマと鞍（座るためにウマの背中に装着する道具）を買った。ウマは戦での相棒。木蘭にはウマを休ませるやさしさがあり、その光景が描かれた絵も残っている。

ロキのおそろしい子ども
フェンリル、ヨルムガンド、ヘル

世の中が混乱していた時代、ロキは自身の子どもであるオオカミ「フェンリル」、大蛇「ヨルムガンド」、冥界の女王「ヘル」とともに神々と戦った。フェンリルはオーディン（→P102）の軍団を丸のみにする。ヨルムガンドはトール（→P131）との戦いで負けるが、トールもかまれたときの毒で命が絶たれた。

04 戦車を引くウマ
アキレウス

アキレウスが父親から授かった戦車を引く2頭のウマは、ポセイドン（➡P137）が父におくったものだった。アキレウスと同様に不死身。戦車に敵を鎖で結びつけ、戦場を走りまわったという逸話もある。

ポセイドンからおくられた不死身の2頭のウマ

日本ではカッパの姿で描かれることもある

05 沙悟浄、猪八戒
孫悟空

天界での悪事をつぐなうため魔界の強者を退治する！

孫悟空が玄奘三蔵という僧侶と旅をする際の道連れが、沙悟浄と、ブタのような姿をした猪八戒。ともに罪をおかして天界から追放された。沙悟浄は変形させたカマ、猪八戒は9本の歯があるクワの武器をもち、孫悟空とともに悪の怪物と戦った。中国の小説『最遊記』に摩訶不思議な世界の旅物語が描かれている。日本で作品化された映画やドラマ、アニメでは、沙悟浄や猪八戒が個性的な姿で登場する。

06 黒ネコ
バーバ・ヤガー

バーバ・ヤガーといっしょにくらし、悪事を手伝う。ただ、本当はバーバ・ヤガーのことをよく思っていなく、ゆうかいされた女の子を逃してあげた逸話もある。

ゆうかいされた女の子を逃がしてあげた!?

世界中を飛びまわり情報をオーディンに報告する!

07 ワタリガラスとオオカミ
オーディン

フギンとムニンという名前をもつワタリガラスは、オーディンに世界の情報を伝える役割。ゲリとフレキという名前をもつオオカミは、戦場で死体をあさるこわい存在だ。

ほかにもいる!キャラ小話
アーサー王に助言をする魔術師のマーリン

魔法使いで、預言者のマーリンは、アーサー王の相談相手だった。アーサー王が国を治める際に、マーリンは予知能力で災いを避けるための予言をした。それは敵と味方を見極める助言でもあった。アーサー王を子どものときから見ているため、アーサー王にとっては頼れる大人だった。

闇 21

メドゥーサ

2回戦の相手
金太郎

| 出典 | ギリシア神話 | 地域 | ギリシャ |

バトルスキル
ヘビ髪アタック	B
ブロンズパンチ	B
カミツキ	A

必殺技
石化の眼
目を合わせた者を石に変え、動けなくする。

攻撃 / 守備 / パワー / スピード / 魔力

目を合わせるだけで相手を石に変える怪物

もともとは神の子で美しい姿をしていた、ゴルゴーン三姉妹の三女。女神アテナにうらみを買って怪物に変えられた。ヘビの髪、イノシシのキバ、青銅の手をもつおそろしい姿をしている。目を合わせた者は恐怖のあまり体が石のようにかたまる。彼女の血には呪いの力がある。

光 21 マウイ

2回戦の相手 セクメト

出典 ポリネシア諸島の神話　**地域** ハワイ

シード

バトルスキル
- 巨人化　A
- 怪力パンチ　A
- 魔法の釣り針　A

必殺技
- 動物変身
鳥やトカゲなどに変身し、敵の弱点をつく。

巨大な釣り針で太平洋の島々をつくった神

魔法の釣り針で海底を引き上げて陸をつくり、地上に火をもたらしたと伝わる神。魔法を使い、巨人に変身して力比べをしたり、鳥に変身して空を飛んだりする。トカゲに変身して敵の体に入ったことも。巨大な輪縄で太陽神のあしを引っかけるなど戦略家な一面もある。

闇 22 ティアマト

2回戦の相手 キュクロプス

出典 叙事詩『エヌマ・エリシュ』 地域 イラク

ステータス
- 攻撃
- 守備
- パワー
- スピード
- 魔力

バトルスキル
- ヘビの毒撃　A
- 龍の洪水　S
- 獅子の突進　B

必殺技
巨大な渦
海の潮の流れをあやつり、海中に引きこむ。

夫の復讐のため多くの魔物を生んだ海の女神

さまざまな神を生み出した神々の母であり、海の女神。やさしく偉大な存在だったが、夫を殺したほかの神たちに復讐の戦いを挑む。毒蛇や獅子など、おそろしい11の魔物たちを生み出した。海をつかさどる力は強大だったが、神話では最後に敗れてしまう。

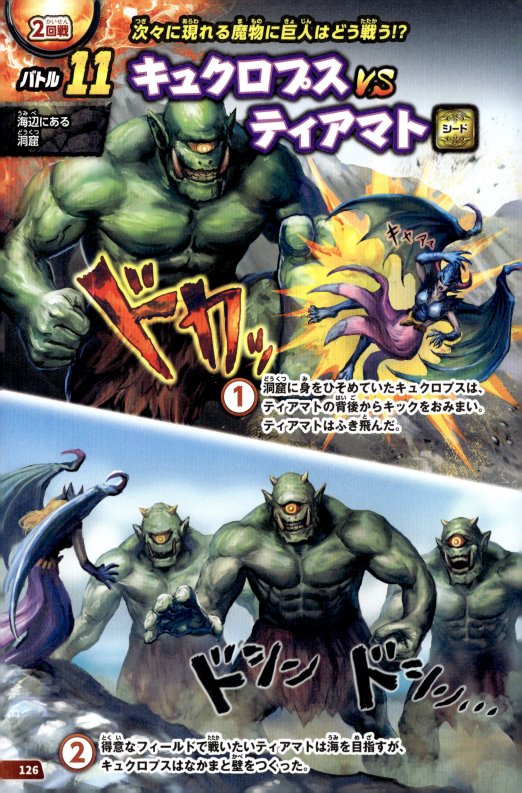

闇 23 ルシファー

2回戦の相手: ロウヒ

出典『旧約聖書』　地域 西アジア

神の座をねらい地獄に落とされた最強堕天使

かつては天使だったが、神の座をうばおうとして天界を追放された堕天使。ほかの堕天使のリーダーで、悪魔をも従える地獄の貴公子だ。12枚の翼をもち、4枚で空を飛び、残りの羽で体を防御する。一説では金の杖から魔力を放つといわれ、金星をルシファーと呼ぶこともある。

バトルスキル
- 光魔法　A
- 炎の一撃　S
- 闇バリア　A

必殺技
闇の明星
空に現れた金星を見ることで、魔力が強大になる。

光 23 トール

2回戦の相手
カルナ

出典 『エッダ』 地域 アイスランド

シード

バトルスキル
- 怪力アタック B
- ハンマー打撃 A
- ブーメランハンマー S

必殺技
- スパークハンマー

ハンマーをふって雷で攻撃する。

ハンマーで雷をあやつる無敵の雷神

戦いの神・オーディン（→P102）の息子で、雷を支配する神。ミョルニルというハンマーが武器で、投げると必ず的中し、ブーメランのように自分の手にもどってくる。さらにこのハンマーで雷を自在にあやつることもできる。人間を巨人から守った逸話をもつ。

闇
24

イフリート

シード

2回戦の相手
ヤマトタケル

出典 『千夜一夜物語』　地域 イラク

バトルスキル
技	評価
炎のパンチ	B
巨大変身	A B
炎の鎧	B

必殺技
ファイヤーストーム
強烈な炎を嵐のように敵に浴びせる。

火を自在にあやつる乱暴な炎の魔人

さまざまな魔術を使う短気で乱暴な魔人。一説では、古代イスラエル王国のソロモン王は、天使からもらった指輪の力でイフリートを自在にあやつったという。炎から生まれたといわれており、火を自在にあやつる。体は炎で守られており、怒りで巨大化する。変身も得意。

光 24 ポセイドン

シード

2回戦の相手
木蘭 (ムーラン)

出典　ギリシア神話　地域　ギリシャ

バトルスキル
- 巨石投げ　A
- トリアイナ激震　S
- 大波ストーム　S

必殺技
- 海の号令
  支配する海の生き物を突撃させる。

ステータス: 攻撃／守備／パワー／スピード／魔力

怒りで大地をゆらし、嵐を巻き起こす海神

ギリシア神話において指折りの力をもつ神で、海の支配者。兄のゼウス（→90）と争ったことも。怒ると手にもつ三叉の矛「トリアイナ」をふって地震や嵐を起こし、あらゆるものを破壊する。また、巨大な岩を地面に投げて泉をつくるほどの怪力だ。馬車で水陸を移動する。

137

計16バトル 2回戦 結果発表

バトル①	ギルガメッシュ	VS	ゼウス シード
バトル②	リリス	VS	九尾の狐 シード
バトル③	ドラゴン	VS	ダグダ シード
バトル④	アキレウス	VS	ロキ シード
バトル⑤	孫悟空	VS	オーディン シード
バトル⑥	ヘラクレス	VS	両面宿儺 シード
バトル⑦	アーサー王	VS	ラーマ シード
バトル⑧	桃太郎	VS	酒呑童子 シード
バトル⑨	金太郎	VS	メドゥーサ シード
バトル⑩	セクメト	VS	マウイ シード
バトル⑪	キュクロプス	VS	ティアマト シード
バトル⑫	サンダーバード	VS	龍 シード
バトル⑬	ロウヒ	VS	ルシファー シード
バトル⑭	カルナ	VS	トール シード
バトル⑮	ヤマトタケル	VS	イフリート シード
バトル⑯	木蘭（ムーラン）	VS	ポセイドン シード

打撃が通用しないおそるべき魔力

1回戦から勝ち上がった選手とシード選手の結果は、どちらも8勝ずつと五分五分だった。勝敗を分けたひとつの特徴が魔術や呪いだ。たとえば、九尾の狐は「乗り移りの術」でリリスを、メドゥーサは「石化の眼」で金太郎を、セクメトは「アンクの呪い」でマウイを、ルシファーは「闇の明星」でロウヒを負かした。このように魔術の必殺技をもつ選手が闇グループに多い。一方で光グループは孫悟空の如意棒、ヘラクレスやラーマの弓、桃太郎、カルナ、木蘭の剣といった武器の一撃でしとめたのが特徴だった。

戦いが始まる！

3回戦 全8バトル

激しくぶつかり合う 自然の力

神や魔物などは、雷、風、火、水という自然のエネルギーを使って敵を圧倒する。出場選手がもつ力を分類してみた。

雷

雷をあやつる主な出場者
- サンダーバード
- 金剛夜叉明王
- キュクロプス
- トール
- ゼウス

自然の力のなかでも、特に強力なエネルギーをもつのが雷だ。1回の放電の威力は、家庭で使う電力量の約2か月分ともいわれており、その攻撃力は想像を絶する。

水

水をあやつる主な出場者
- ポセイドン
- ティアマト

水は物理的な特徴をもつため、使えるシーンを選ぶ傾向にある。たとえば、海、川、雨などがそうだ。ただし、ひとたび条件がそろえばその力は絶大だ。

炎

相手に直接的なダメージをあたえる炎は、バトルでもっともよく使われる自然の力だ。太陽や地獄など、炎を連想させるモチーフと関連する出場者も多く、強力かつ派手な性質が戦いを盛り上げる。

炎をあやつる主な出場者

イフリート　鳳凰　セクメト　ルシファー
ドラゴン　ヤマタノオロチ　テュポーン　ラーマ

風

風をあやつる主な出場者

ロウヒ　ラーマ　バーバ・ヤガー
ベルゼブブ　ハーピー　龍

風は相手の動きをにぶらせるのに効果的だ。天候をあやつり、嵐を呼ぶ者もいる。人間なら立っていることすら難しいだろう。使いどころが重要で、テクニックも求められる。

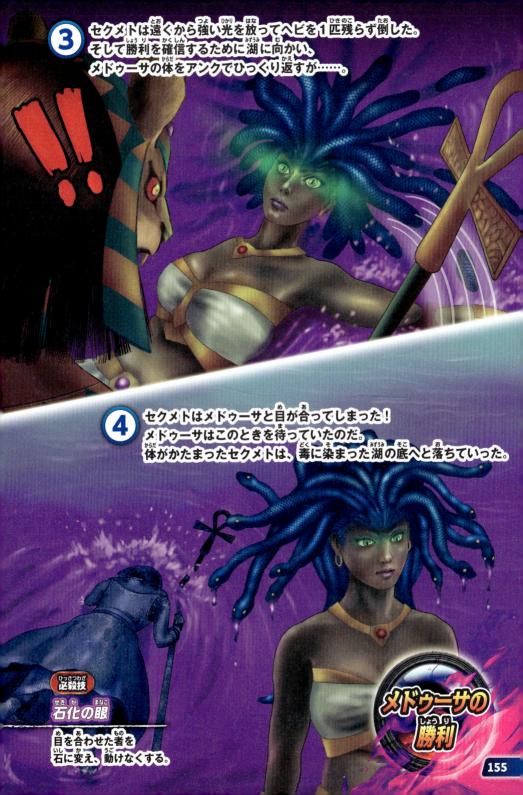

3回戦 結果発表
計8バトル

バトル① ゼウス VS 九尾の狐

バトル② ドラゴン VS ロキ

バトル③ 孫悟空 VS ヘラクレス

バトル④ 桃太郎 VS ラーマ

バトル⑤ メドゥーサ VS セクメト

バトル⑥ ティアマト VS サンダーバード

バトル⑦ ルシファー VS カルナ

バトル⑧ イフリート VS 木蘭

強力な実力者にもすきがあった

本大会でもっとも印象的な番狂わせといえるのが、ゼウスと九尾の狐の一戦。全能の神とされるゼウスは無敵かと思われたが、九尾の狐は人間の女性に化けてゼウスを油断させた。ヘラクレス、ラーマ、セクメト、ティアマトも一瞬の油断で勝利を逃した。一方で真っ向勝負で力の差をみせつけたのは、ドラゴンやサンダーバード、イフリートといった自然界のエネルギーをあやつれる者たち。異色多彩なハイレベルの8選手は、次の戦いでは強力な攻撃でパワフルなバトルを見せてくれるだろう。新たな伝説が生まれようとしている。

準々決勝 & 準決勝

準々決勝＆準決勝 対戦表

ベスト8が勝ち上がった最強を

幻術で敵をほんろうする

九尾の狐

炎ですべてを焼きつくす

ドラゴン

多彩な術を駆使
孫悟空

勇気と信念で敵を討つ

桃太郎

準決勝 ➡P176

決勝進出

左トーナメントの注目点

九尾の狐の妖力は、同じ幻獣タイプのドラゴンに通用するのか。孫悟空と桃太郎は、打撃戦を予想されるが、それぞれのなかまがどのような援護をするかも見ものだ。

出そろった!

8選手が目指す!

決勝進出

準決勝 ➡P178

一瞬で相手を硬直させる

メドゥーサ

雷を支配し空を舞う

サンダーバード

黄金の鎧で鉄壁の防御

カルナ

炎と魔術の最強コンボ

イフリート

右トーナメントの注目点

一瞬で敵を石にするメドゥーサと、雷をあやつるサンダーバード。短時間での決着が予想される。あらゆる攻撃をはね返してきたカルナの鎧は、イフリートに通用するか。

③ ところが、メドゥーサがふり向いた瞬間にサンダーバードはまばたきをし、強い光でメドゥーサの視界をうばった！ 雷が落ちて神殿がくずれ落ちる。

ドガ ジャーン

必殺技
稲妻激光

まばたきをすると強い光を発し、雷を落とす。

④ 光がおさまり、あたりは再び暗闇に。すると、サンダーバードの目の前には、美女が立っていた。神殿が壊れてメドゥーサの呪いが解けたようだ。彼女に戦意はもうなかった。

※メドゥーサは女神アテナの神殿をけがし、それをきっかけに怪物にされたという。

サンダーバードの勝利

171

現代に残る伝説の足跡

この本に登場する出場者は、実在したかどうかはわからない。しかし、彼らの存在はさまざまなかたちで遠い過去から現代に伝わっている。その一端を紹介しよう。

ゼウス

「ゼウス神殿」の復元柱が当時のスケールを物語る

ギリシャの首都アテネにある世界遺産のアクロポリス。パルテノン神殿が有名だ。その近くにあるのが、ゼウスに捧げられたとされるゼウス神殿（オリンピュアとも呼ばれる）である。紀元前6世紀に建設が始まり、2世紀になってやっと完成。高さ約17メートルの柱が100本以上あったとされるが、現在は1本の柱、それも復元されたものだけを見ることができる。オリンピックはゼウスに捧げる祭りとしてこの地で始まった。

写真は現在より柱が残っていたころのゼウス神殿。

ギルガメッシュ

『ギルガメッシュ叙事詩』のもとになった粘土板を発見

伝説や神話が書物になったのは、比較的、現在に近い時代。ところが、『ギルガメッシュ叙事詩』においてはもとになった粘土板はかなり古いものだった。発見された粘土板はいくつかあるが、それらは紀元前1800年ごろと推定されている。「世界最古の文献」ともいわれ、残りの粘土板の発掘調査も続けられている。

ラーマ

ラーマ軍が侵攻したときにつくられた海面下の橋

ラーマの宿敵であるラーヴァナがいるランカー島に侵攻するため、ラーマ軍は石橋をつくった。石をひとつずつ海面に置いただけだったが、ラーマの魔力によって石が海底にしずむことはなかったといわれている。この石橋が、現在のインドとスリランカの間にある橋の遺跡「ラーム・セートゥ」ではないかと考えられている。

サンダーバード

北アメリカの民族がつくったトーテムポールのモチーフ

カナダをはじめとした北アメリカ大陸の先住民は、巨大な木で彫刻をつくる文化がある。彫刻はその家に関わることや伝説などを記録し、魔除けや豊作を願うものである。そのモチーフにサンダーバードのものが多数ある。サンダーバードが人々を飢餓から救ったという言い伝えがあり、現在も幸福を呼ぶ精霊として信じられている。

日本にある伝説の地

鬼ヶ島は今も存在している 瀬戸内海に浮かぶ「女木島」

桃太郎伝説は日本各地にあり、その舞台となったところもさまざま。岡山県の桃太郎伝説では、鬼ヶ島があったのは瀬戸内海の「女木島」(香川県)とされる。現在も人々がくらしており、観光地としても有名だ。島には鬼ヶ島大洞窟があり、鬼や桃太郎の人形が置かれ、観光名所となっている。

準々決勝＆準決勝 結果発表

準々決勝 ①
九尾の狐 VS ドラゴン

準々決勝 ③
メドゥーサ VS サンダーバード

準々決勝 ②
孫悟空 VS 桃太郎

準々決勝 ④
カルナ VS イフリート

準決勝 ①
ドラゴン VS 桃太郎

準決勝 ②
サンダーバード VS イフリート

戦局に対応しなければ勝てない！

ドラゴンVS桃太郎や、サンダーバードVSイフリートのバトルのように、真っ向勝負で決着がついたバトルもあったが、予想外の展開で幕を下ろしたバトルもあった。寝返ったなかまを見て戦意喪失した孫悟空、呪いが解けて戦いをやめたメドゥーサ。対戦相手や環境によって戦局が変わるのがおもしろい。準決勝にはドラゴン、イフリートと炎をあやつる者が2名も進出。改めて炎の強力さが際立った。決勝に残った桃太郎は人間。番狂わせといっていいだろう。はたして決勝はどんな戦いになるのだろうか！

頂上は間近だ!
ここまでの戦評&見どころ

桃太郎

勇気をもって強敵に挑み何度でも奇跡を起こす!

総合能力 15

- 出典 ▶ 『日本昔噺』、『御伽草子』
- 地域 ▶ 日本

能力
4	攻撃
3	守備
3	パワー
4	スピード
1	魔力

一戦必勝で成長!
剣を握りしめて
真っ向勝負だ!!

これまでの対戦

1回戦	VS テュポーン	敵のおなかを石で満たして川にしずめた。作戦勝ち。
2回戦	VS 酒呑童子	弓と剣を巧みに使った。最後は運も味方して勝ちきった。
3回戦	VS ラーマ	敵の攻撃の前にかろうじて一撃が決まった。イヌも大活躍。
準々決勝	VS 孫悟空	力は互角だったが、なかまの行動が勝敗を分けた。
準決勝	VS ドラゴン	相手の力に圧倒されたが、渾身の一撃で勝利をもぎとった。

一瞬にこめた一撃は、あらゆる強敵を打ち砕く!

体は小さく、魔力をもっていないため、どの対戦でもピンチの連続。1回戦のテュポーンとの戦いこそ、石を武器にして勝利したが、それ以降はすべて剣での決着。イヌ、サル、キジとれんけいしながらバトルをくり広げ、チャンスを見出すのが戦闘スタイルだ。そのチャンスも一度きり。そこでしとめていなければ、どの相手にも負けていたであろう。一撃に大きな力を生み出すには集中力が必要。なかまとのきずなの強さが決勝戦で試される!

ピンチの連続を乗り越え、一戦ごとに成長している桃太郎。
敵の渾身の一撃をすべてはね返してきたイフリートの力も
底が知れない。くしくも決勝戦は光と闇との対決になった！

イフリート

比較
攻撃	5
守備	5
パワー	5
スピード	4
魔力	5

炎ですべてを焼きつくす！攻撃も防御も最強クラスの魔人に勝てる者は存在するのか!?

長い間の封印から解き放たれた魔物が爆発する！

総合能力 24

出典 ▶『千夜一夜物語』
地域 ▶ イラク

これまでの対戦

1回戦		シードのためバトルなし
2回戦	vs ヤマトタケル	追いつめられるも巨大化して炎のパンチでねじふせた。
3回戦	vs 木蘭	一瞬のすきを見せて剣を受けるが、炎を爆発させて大逆転。
準々決勝	vs カルナ	目を負傷するものの、最後は炎で泉を高温にして勝利。
準決勝	vs サンダーバード	雷と炎の真っ向勝負。一撃に力をためてかろうじて相手を上回った。

攻撃力も防御力も文句なし！ 最強の魔人ここにあり

すべての能力値が最高レベルの魔人は、前評判どおりに順当に勝ち進んだ。圧倒的な火力をもつ炎の攻撃は、カルナの黄金の鎧もサンダーバードの雷をも打ち砕いた。また、魔術を使えるのも強み。炎と化した体を傷つけられる者はほとんどおらず、防御力の面でも非常にすぐれている。テクニカルな戦いはほとんどなく、真っ向勝負で勝利をつかんできた魔人が、決勝ではどう戦うのか見もの。相手は人間。おそらく得意の戦い方で王者の中の王者を目指すだろう！

最終結果発表！

優勝 桃太郎
全集中の一撃勝負！

必殺技を使ったのは、実は決勝戦のみ。なかまの援護はあったものの、とどめは桃太郎の渾身の一撃だった。

準優勝 イフリート
威力満点の炎攻撃！

炎の絶大なパワーによって攻撃も守備も超強力。爆風と高熱がとてつもない破壊力をつくり出した。

3位 ドラゴン
巨体と炎で敵を粉砕！

3位 サンダーバード
空にとどろく強烈な雷！

印象に残ったバトルの名場面

1回戦

▲アキレウスの盾に反射した光が、ヤマタノオロチの目に直撃。

2回戦

▲クマが聖なる滝の水で金太郎を助けた。

3回戦

◀海に落ちたサンダーバードは、水中でも雷撃をくりだした。

準々決勝

▲自分よりも大きな相手（九尾の狐の幻覚）に戸惑うドラゴン。

準決勝

▲桃太郎はドラゴンのすきを見て、桜の木の上にのぼっていた。

決勝

▶なかまを信じて、戦いの中で集中力を高めていく桃太郎。

光と闇のオールスターカップ
特別賞授与式

勝敗に関係なく、大会を盛り上げた選手に特別賞を授与。激しいバトルのなかで、選手それぞれの個性が発揮され、新たな伝説が生まれた今大会をふり返る。

トリック賞 九尾の狐

初戦となった2回戦ではリリスの大蛇に乗り移り、3回戦では若い女性に変身してゼウスを油断させ、準々決勝ではドラゴンに敗れるものの岩に乗り移って戦った。

3回戦にて女性に扮してゼウスの雷霆をうばった場面。大番狂せのターニングポイントだった。

チャレンジ賞 木蘭(ムーラン)

ラーヴァナ、ポセイドンという魔力や神の力をもった敵に真正面から挑んだ。準々決勝では準優勝のイフリートに屈するが、舞うような巧みな剣術は最後まで光った。

2回戦にてウマからジャンプして剣でポセイドンに連続攻撃をした場面。剣術もさることながら、ウマとのれんけいも見事。

スピリッツ賞 カルナ

黄金の鎧があるにしても不死身ではない。ヴァンパイア、トール、ルシファー、イフリートとの戦いすべてで接近戦を挑み、常にダメージを受けながら攻撃をくり出した。

2回戦にてトールの雷撃で城がくずれるが、逃げることなく、気持ちを集中させて弓矢の一撃を放った。

各賞の概要

- トリック賞 ……… 予測できない戦略で敵をかく乱したり、油断させたりした選手。
- チャレンジ賞 …… 格上の相手に対して逃げることなく真っ向正面で挑んだ選手。
- スピリッツ賞 …… ダメージを負っても強い精神をもって戦い続けた選手。
- 必殺技賞 ………… バトルの展開を大きく変えるワザをくり出した選手。
- カムバック賞 …… バトルのなかで自分自身を取り戻すことができた選手。
- サポート賞 ……… 自身が犠牲になりながらもなかまを支え続けた選手。

必殺技賞 孫悟空

オーディンをあざむいた分身の術。ヘラクレスの必中の弓を受けたが、分身していたからこそ、急所をはずせたといえるだろう。

準々決勝でなかまが孫悟空の分身の術をバラした場面。それがなかったら決着が変わっていたかもしれない。

カムバック賞 メドゥーサ

邪悪な姿だが、準々決勝でサンダーバードに敗れると、もとの女神の姿に戻った。闇の世界にいることを自身が望んでいるとも限らないのだ。

準々決勝で女神の姿に戻った場面。女神アテナの仕打ちがなければ、ちがった伝説になっていたかもしれない。

サポート賞 キジ

準決勝でドラゴンの場所を指示していなければ、決勝戦できびだんごを桃太郎にあたえていなければ、本大会の結果は変わっていただろう。

決勝戦にて炎の中、きびだんごの袋を運ぶキジ。きびだんごがもつパワーは想像以上だった。

編著者 **Creatures Journey**（クリーチャーズ ジャーニー）

さまざまな生き物や未確認生物などについて、独自に研究・情報収集を行う。あらゆる調査資料をもとに生態や危険性を考察し、ときには自然界では出会わないであろう生物同士の戦いをシミュレーションする。

イラスト	合間太郎（イーループ）、あおひと、怪人ふくふく、甲壱、七海ルシア、なんばきび、西村光太、ムーピク、山崎太郎、若林やすと
カバーメインイラスト	合間太郎（イーループ）
デザイン	芝 智之
写真提供	アマナイメージズ、Getty Images
編集協力	セトオドーピス

頂上決戦！
光と闇のオールスター 最強王決定戦

2025年3月25日発行　第1版

編著者	Creatures Journey
発行者	若松和紀
発行所	株式会社 西東社 〒113-0034　東京都文京区湯島2-3-13 https://www.seitosha.co.jp/ 電話　03-5800-3120（代）

※本書に記載のない内容のご質問や著者等の連絡先につきましては、お答えできかねます。

落丁・乱丁本は、小社「営業」宛にご送付ください。送料小社負担にてお取り替えいたします。
本書の内容の一部あるいは全部を無断で複製（コピー・データファイル化すること）、転載（ウェブサイト・ブログ等の電子メディアも含む）することは、法律で認められた場合を除き、著作者及び出版社の権利を侵害することになります。代行業者等の第三者に依頼して本書を電子データ化することも認められておりません。

ISBN 978-4-7916-3396-8